I0111567

MÉTHODE POUR APPRENDRE A LIRE,

PAR M. SAILLARD, MAÎTRE DE PENSION.

AVANT-PROPOS.

Nous croyons que la meilleure méthode de lecture consiste dans la classification rigoureuse de toutes les difficultés qu'offre cette étude, classification telle que l'enfant n'ait jamais plusieurs de ces difficultés à résoudre simultanément. Tel est le but que j'ai cherché à atteindre. A chacune de ces difficultés, indiquée en tête de chaque page, j'ai fait correspondre un exercice particulier, et j'ai suivi pour cette méthode de lecture le même ordre que j'ai adopté pour les méthodes que j'ai publiées sur l'enseignement de l'orthographe et sur l'enseignement élémentaire du latin. Comme, dans beaucoup de cas, les verbes ne se prononcent pas de la même manière que les autres espèces de mots, et qu'il est nécessaire que l'enfant apprenne à les distinguer, ils sont séparés des autres mots, dans chacun des exercices. Ce sera, d'ailleurs, autant de gagné pour l'étude de la grammaire.

APPLICATION DE LA MÉTHODE.

Dans l'alphabet, on donnera à la voyelle *e* le nom et la valeur de l'*e* muet et non de l'*e* fermé, et à la voyelle *y* le nom et la valeur de l'*i* ordinaire.

On donnera aux consonnes le nom et la valeur indiqués ici sous chacune d'elles : .

b	d	f	g	l	m	n	p	q	c	k	r	s	t	v	z	x	ph	ch	gn
be	de	fe	gue	le	me	ne	pe	que	que	que	re	se	te	ve	ze	xe	fe	che	gne

Les syllabes se prononceront toutes d'une seule émission de voix, et par conséquent sans épellation.

Les exercices qui composent la méthode peuvent se diviser en trois séries. La première comprend les sept premiers tableaux, qui n'offrent aucune difficulté particulière. La seconde comprend ce qui concerne les voyelles variables et celles qui sont encore insonores, depuis le tableau n° 8 jusqu'au n° 18. La troisième contient ce qui a rapport aux consonnes variables et à celles qui sont insonores : elle commence au tableau n° 18 et finit au n° 34.

On ne fera point passer l'élève à une nouvelle série d'exercices, avant qu'il ne lise couramment les exercices de la série précédente.

Le maître lira lui-même la règle qui est en tête de chacun des exercices des deux dernières séries, et s'appliquera à la faire comprendre en la répétant jusqu'à ce que l'enfant la comprenne.

On n'exercera les élèves sur les deux derniers tableaux qu'après que tous les exercices précédents auront été suffisamment étudiés et répétés.

Pour que cette méthode soit convenablement appliquée et qu'on en tire les avantages qui doivent résulter de son application, il est nécessaire que les exercices de vive voix durent trois ou quatre heures chaque jour, et que ce temps soit exclusivement consacré aux enfants qui apprennent à lire. Malheureusement, dans beaucoup d'écoles, les enfants qui apprennent à lire sont réunis dans la même classe avec les autres élèves déjà plus avancés.

NOTA. Pour abréger le nombre des tableaux, on a retranché de la méthode in-12 quelques pages qui n'étaient pas rigoureusement nécessaires.

Se trouve chez l'auteur, à Besançon, et à la librairie de Vᵉ Ch. Deis.

MÉTHODE POUR APPRENDRE A LIRE,

PAR M. **SAILLARD**, MAÎTRE DE PENSION.

Voyelles.

a, e, i, o, u, y.

Voyelles doubles.

ai, ei, ou, au, eu, ui.

Sons nasals.

an, en, in, on, un.

am, em, im, om, um.

Consonnes.

b, d, f, g, j, l, m, n, p, c,

q, k, s, t, v, x, z, ph, ch, gn.

Majuscules.

A, B, C, D, E, F, G, I, J, K, L, M, N, O, P,

Q, R, S, T, U, V, X, Y, Z.

---

ba, da, fa, ga, ja, la, ma, na, pa, ca, sa, ta, va, xa, za, pha, gna.

be, de, fe, je, le, me, ne, pe, ke, se, te, ve, xe, ze, phe, gne.

bi, di, fi, ji, li, mi, ni, pi, ki, si, ti, vi, xi, zi, phi, gni.

bo, do, fo, go, jo, lo, mo, no, po, co, so, to, vo, xo, zo, pho, gno.

bu, du, gu, fu, cu, ju, lu, mu, nu, pu, su, tu, vu, xu, zu, phu, gnu.

bai, dai, fai, jai, gai, lai, mai, nai, pai, cai, sai, tai, vai, xai, zai,

bei, dei, fei, lei, mei, nei, pei, sei, tei, vei, xei, zei.

bou, dou, fou, gou, lou, mou, nou, pou, sou, tou, vou, xou, zou.

Se trouve chez l'auteur, à Besançon, et à la librairie de Vᵉ Ch. Deis.

BESANÇON, IMPRIMERIE DE Vᵉ CH. DEIS.

1850.

MÉTHODE POUR APPRENDRE A LIRE,

PAR M. **SAILLARD**, MAÎTRE DE PENSION.

bau, dau, fau, gau, jau, lau, mau, nau, pau, cau, sau, tau, vau, xau, zau.

beu, deu, feu, jeu, leu, meu, neu, peu, seu, teu, veu, xeu, zeu.

bui, dui, fui, jui, lui, mui, nui, pui, sui, tui, vui, xui, zui.

ban, dan, fan, gan, jan, lan, man, nan, pan, san, tan, van, xan, zan.

ben, den, fen, jen, len, men, nen, sen, ten, ven, xen, zen.

bon, don, fon, gon, jon, lon, mon, non, pon, son, ton, von, xon, zon.

bun, dun, fun, jun, lun, mun, nun, pun, sun, tun, vun, xun, zun.

———

bla, dla, fla, gla, cla, tla, vla, pla.

ble, fle, ple, cle, bli, fli, pli, cli.

blo, flo, glo, plo, clo, blu, glu, plu, flu.

blai, flai, glai, plai, clai.

blou, flou, glou, plou, clou.

blan, flan, glan, plan, clan, blon, flon.

Se trouve chez l'auteur, à Besançon, et à la librairie de Ve Ch. Deis.

BESANÇON, IMPRIMERIE DE Ve CH. DEIS.

MÉTHODE POUR APPRENDRE A LIRE,

PAR M. **SAILLARD**, MAÎTRE DE PENSION.

bra, dra, fra, gra, tra, cra, pra.

bre, dre, fre, gre, tre, cre, pre.

bri, dri, fri, gri, tri, cri, pri.

bro, dro, fro, gro, tro, cro, pro.

bru, dru, fru, gru, tru, cru, pru.

brai, frai, trai, crai, prai, brou, trou, prou.

gran, grin, gron, crin, prin, tron.

---

bal, dal, fal, gal, mal, pal, cal, sal, val.

bil, dil, fil, mil, pil, sil, vil.

bol, dol, fol, mol, pol, col, sol, vol.

bul, dul, ful, gul, mul, pul, vul.

bar, dar, far, gar, mar, par, car, sar, tar, var.

bir, dir, fir, mir, pir, sir, tir, vir.

bor, dor, for, mor, por, sor, tor, cor.

bur, dur, fur, mur, pur, sur, vur.

bas, fas, gas, mas, pas, cas, vas.

bis, dis, fis, lis, vis, sis.

bour, four, cour, lour, mour, tour.

lac, fac, pac, sac, tac, soc, suc.

meur, leur, peur.

Se trouve chez l'auteur, à Besançon, et à la librairie de Vᵉ Ch. Dais.

BESANÇON, IMPRIMERIE DE Vᵉ CH. DAIS.

MÉTHODE POUR APPRENDRE A LIRE,

PAR M. **SAILLARD**, MAÎTRE DE PENSION.

EXERCICES

sur des mots qui n'offrent aucune difficulté.

L'ar bre, l'a bri, l'ai gle, l'a gri cul tu re, l'ai le, l'air, l'a mi, l'ar bus te, l'a ni mal, l'ar bi tre, l'ar deur, l'as tre, l'as tro no me, l'au di teur, l'au tru che, l'a-ve nir, l'a va re, l'a voi ne, l'a veu gle, le ba lai, la ba-lei ne, la bar be, le bi jou, la biche, le bloc, la bour se, la bri de, la ca ba ne, la bou che, le bou ton, la bran che, la cam pa gne, le ca ma ra de, la com pa gne, la ca pi ta le, le cap tif, la car pe, la ca ve, le cha grin, la cha leur, la cham bre, le cham pi gnon, le chan vre, le chan teur, le char, le char bon, le che min, le char don.

VERBES.

Il ad mi re, il ad mi re ra, il ai de ra, il ai me ra, il a jou ta, il a jou te ra, il va, il i ra, il aug men te ra, il a va le ra, il se bai gne ra, il bro de ra, il boi ra, il se ca-che ra, il se cou che ra.

Se trouve chez l'auteur, à Besançon, et à la librairie de vᵉ Ch. Deis.

BESANÇON, IMPRIMERIE DE Vᵉ CH. DEIS.

MÉTHODE POUR APPRENDRE A LIRE,

PAR M. **SAILLARD**, MAÎTRE DE PENSION.

EXERCICES

sur des mots qui n'offrent aucune difficulté.

Le che val, le che veu, la che ve lu re, le choc, la co-
lom be, le com pa gnon, la con cor de, le con duc teur,
la con dui te, la cor de, la co car de, le cou, la cou leur,
la cou pu re, le cou reur, la cour, la cour se, la cou tu me,
le cri, le cri me, le crin, la cru che, le cuir, le cui vre,
le cul ti va teur, la cul tu re, la cu ve, la da me, la dan se,
la da te, la de man de, la de meu re, le den tis te, la
dis pu te, le de vin, le de voir, le di man che, la dou leur,
le doute.

VERBES.

Il se cha gri ne, il char me ra, il chan te ra, il com-
ble ra, il com pren dra, il con dui ra, il con fon dra, il
se con for ma, il cons trui ra, il con ten te, il con-
tem ple, il con sul te ra, il cour be ra, il cou vri ra, il
croi ra, il cul ti ve, il de man de ra.

Se trouve chez l'auteur, à Besançon, et à la librairie de Vᵉ Ch. Deis.

BESANÇON, IMPRIMERIE DE Vᵉ CH. DEIS.

MÉTHODE POUR APPRENDRE A LIRE,

PAR M. SAILLARD, MAÎTRE DE PENSION.

EXERCICES

sur des mots qui n'offrent aucune difficulté.

L' em pe reur, l' em pire, l' en cre, la fa ble, la fa mi ne, le fa vo ri, le feu, le fil, la fin, la fio le, la fleur, le fleu ve, la foi, la fon tai ne, la for me, la fou dre, le four, la fou le, la four mi, la frau de, la fui te, la fu reur, le gar de, le ga zon, le glai ve, le glo be, la gloi re, la grai ne, la gran deur, l' in ju re, l' im pos tu re, l' in gra ti tu de, l' in sti tu teur, l' in sul te, l' i voi re, le jar din, le jeu, le jeu di, le jour, le la bou reur, le lac, la lai ne, la len teur, le li brai re, le lieu, le lin, la li gne, le lion, la loi, le li vre, le car ton.

VERBES.

Il de meu re, il dai gne ra, il dic te ra, il dis cu ta, il dis pu te, il dis trai ra, il de vi ne ra, il dou te, il du re ra, il s'em pa re ra, il em por ta, il s'en dor mi ra, il s'en ri chi ra, il s'en fui ra, il en ten dra, il en se ve li ra, il en tou ra, il en tra.

Se trouve chez l'auteur, à Besançon, et à la librairie de vᵉ Ch. Deis.

BESANÇON, IMPRIMERIE DE Vᵉ CH. DEIS.

MÉTHODE POUR APPRENDRE A LIRE,

PAR M. **SAILLARD**, MAÎTRE DE PENSION.

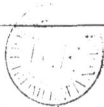

EXERCICES

sur des mots qui n'offrent aucune difficulté.

La lu ne, la for tu ne, le mal, le mar bre, le ma ri, la mar che, le ma tin, la ma xi me, le mem bre, le men-teur, le meu ble, la meu le, le meur tre, le mi di, le mi lieu, le mi li taire, le mi nis tre, le mi ra cle, le mi roir, la mi ne, la mo de, le mon de, la mon ta gne, la mo ra le, le mou le, le mou lin, la mou che, le mou ton, le mou-choir, le mur, la mul ti tu de, le mur mu re, la na tu re, le ne veu, le nom bre, l' ob sta cle, l' o li ve, l' o deur, l' on cle, l' om bre, le mo tif.

VERBES.

Il fe ra, il fau dra, il fau che, il fi xe, il fleu ri ra, il for me, il four ni ra, il fran chi ra, il fui ra, il ga gne, il gar de, il gran di ra, il gra vi ra, il i gno re, il i mi te, il im plo re, il s'in cli ne, il s'in di gne, il s'in for me, il in spi re, il in strui ra.

Se trouve chez l'auteur, à Besançon, et à la librairie de v° Ch. Deis.

BESANÇON, IMPRIMERIE DE V° CH. DEIS.

MÉTHODE POUR APPRENDRE A LIRE,

PAR M. **SAILLARD**, MAÎTRE DE PENSION.

VOYELLES VARIABLES.

Quant la voyelle *e* est surmontée d'un accent aigu, elle se prononce comme dans le mot *bonté;* quand elle est surmontée d'un accent grave ou d'un accent circonflexe, elle a le son de *ai.*

La so li di té, la di gni té, l'in té gri té, la mo bi li té, la pau vre té, l'in té ri eur, la su pé ri eu re, la lu miè re, la li tiè re, la por tiè re, la fer miè re, la bon té, la fer-me té, la vé ri té, la vo lon té, la té mé ri té, l'a ma bi li té, la du re té, le mé ri te, le frè re, le pè re, le pro phè te, le ki lo mè tre, la pri è re, la vo liè re, la sé vé ri té, la pros pé ri té, la fê te, la tê te, le ca rac tè re, le mo nas tè re, le zè le, la fe nê tre.

VERBES.

Il a par lé, il a mar ché, il a pré fé ré, il a a che té, il pré fè re, il mo dè re, il rè gne, il mè ne, il sè me, il se pro mè ne, il ra mè ne ra, il se pro mè ne ra, il prê te, il prê te ra, il a ra che té, il a é tu dié, il a in-ven té, il a mê lé, il a cré é, il a en du ré, il a ai mé, il a ra con té, il a sa lué, il a été ren con tré, il au ra mé ri té.

Se trouve chez l'auteur, à Besançon, et à la librairie de V.e Ch. Deis.

BESANÇON, IMPRIMERIE DE V.e CH. DEIS.

MÉTHODE POUR APPRENDRE A LIRE,

PAR M. **SAILLARD**, MAÎTRE DE PENSION.

VOYELLES VARIABLES.

La voyelle *e* prend encore la valeur de *ai* prononcé légèrement, quand elle est suivie d'une consonne faisant partie de la même syllabe, ou quand elle est suivie d'un *x*.

La ver du re, la mer, le ver, le bel vé der, l'a mer-
tu me, le ser vi teur, l'es cla ve, le pro ver be, le mi el,
l'au tel, le fi el, l'es poir, la ver tu, le lec teur, le
spec ta cle, l'en fer, le des tin, le fes tin, la fer me té,
la fer ti li té, le mer cre di, le bec, la lan ter ne, la per te,
la per fi die, la per ple xi té, la per ver si té, le di rec teur,
le ré fec toi re, la ré fle xion, la gé nu fle xion, l'e xem ple,
le ser mon, le ter me, l'a ver si on, l'e xac ti tu de.

VERBES.

Il es pè re, il es ti me, il cher che ra, il e xis te, il
e xé cu te, il ser vi ra, il fer me ra, il des ti ne ra, il per-
ver ti ra, il ter mi ne ra, il con ver ti ra, il a ver ti ra,
il e xa mi ne ra, il per dra, il con ver se ra, il con ser va,
il re fer ma, il dé tes te, il se di ver ti ra, il res te ra, il
re cher che ra, il in vec ti ve, il per sé cu te, il per sé-
vè re.

Se trouve chez l'auteur, à Besançon, et à la librairie de Vᵉ Ch. Deis.

BESANÇON, IMPRIMERIE DE Vᵉ CH. DEIS.

MÉTHODE POUR APPRENDRE A LIRE,

PAR M. **SAILLARD**, MAÎTRE DE PENSION.

VOYELLES VARIABLES.

Cependant la voyelle *e* ne change pas de valeur quand elle est suivie de la consonne *s* à la fin d'un mot, à moins que le mot ne soit d'une seule syllabe. Dans ce cas elle prend la valeur de *é* (1). Il en est de même dans plusieurs autres cas, notamment quand elle est suivie d'un *z*. Les lettres *s* et *z* ne se prononcent pas à la fin des mots.

Les peu ples, des cam pa gnes, mes frè res, ses li vres, tes plu mes, les ca ba nes, des ri viè res, des fleu ves, les mi li tai res, les ca pi tai nes, les se mai nes, les fon tai nes, mes pri è res, tes ma niè res, ses pei nes, les meu bles, les mem bres, les mon ta gnes, les por tes, les fe nê tres, les pau vres, les cou tu mes, les di man ches, les fê tes, les fi gu res, le nez, le biez, le rez-de-chaus sée.

VERBES.

Tu par les, tu por tes, tu pleu res, tu i gno res, tu ai mes, tu te cha gri nes, tu aug men tes, tu ´ad mi res, tu de meu res, tu res tes, tu e xis tes, tu e xé cu tes, vous fai tes, vous di tes, vous par lez, vous por tez, vous sor-tez, vous res te rez, vous pleu rez, vous par ti rez, vous com pren drez, vous de meu re rez chez moi, tu es par ti, il est sor ti.

(1) Excepté tu *es*, il *est*.

Se trouve chez l'auteur, à Besançon, et à la librairie de Vᵉ Ch. Deis.

BESANÇON, IMPRIMERIE DE Vᵉ CH. DEIS.

MÉTHODE POUR APPRENDRE A LIRE,

PAR M. **SAILLARD**, MAÎTRE DE PENSION.

VOYELLES VARIABLES.

Le son *en* se prononce ordinairement comme *in* quand il est placé après un *i* ou un *e*.
Le son *ai* se prononce *é* quand il est à la fin d'un verbe et qu'il termine la syllabe.

Le li en, le mi en, le ti en, le sou ti en, le chi en, le gar di en, le bi en, le Ven dé en, le bi en fai teur, le mé-ri di en, le co mé di en, l'en tre ti en, un ri en.

VERBES.

Il vi en dra, il ti en dra, il re vi en dra, il re ti en dra, il par vi en dra, il con vi en dra, il se sou vi en dra, il sou ti en dra, il ad vi en dra, il con ti en dra, il pré-vi en dra.

Je par lai, je mar chai, je por tai, je rem por tai, je pu ni rai, je ré u ni rai, je dor mi rai, je dé cou vri rai, je ser vi rai, je sen ti rai, je con sen ti rai, je con dui rai, je ré pon drai, je dé fen drai, je vi en drai, je par vi en-drai, je con vi en drai, je ti en drai, je con ti en drai, je re ti en drai, je sou ti en drai, j'ai vu, j'ai cou ru, j'au rai par lé.

Se trouve chez l'auteur, à Besançon, et à la librairie de Ve Ch. Deis.

BESANÇON, IMPRIMERIE DE Ve CH. DEIS.

MÉTHODE POUR APPRENDRE A LIRE,

PAR M. SAILLARD, MAÎTRE DE PENSION.

VOYELLES VARIABLES.

La voyelle *o* se prononce *ou* quand elle est placée devant le son *in*.

La voyelle *y* se prononce ordinairement comme l'*i* simple, mais elle a la valeur de deux *i* quand elle est placée entre deux voyelles.

Le soin, le té moin, le coin, le foin, le cray on, le pay eur, le noy au, le tuy au, le moy en, la roy au té, la loy au té, le roy au me, le ray on, le voy a ge, le joy au, la fray eur, la ray u re, le nom roy al, le ca rac tè re loy al, le mys tè re, le sty le, la sy mé trie, la ta chy gra phie, le sy no ny me, la py ra mi de, la syn ta xe, le sym bo le, le syn dic, la dy nas tie, le ty pe, l'a co ly te, le po ly go ne.

VERBES.

Il pay a, il en voy a, il ba lay a, il ru doy a, il ren voy a, il em ploy a, il dé ploy a, il tu toy a, il voy a ge ra, il a en ray é, vous voy ez, vous croy ez, vous fuy ez, vous re voy ez, vous pré voy ez, vous pour voy ez, vous ren voy ez, vous tu toy ez, vous ru do yez.

Se trouve chez l'auteur, à Besançon, et à la librairie de vᵉ Ch. Deis.

BESANÇON, IMPRIMERIE DE Vᵉ CH. DEIS.

MÉTHODE POUR APPRENDRE A LIRE,

PAR M. **SAILLARD**, MAÎTRE DE PENSION.

VOYELLES VARIABLES.

Les voyelles surmontées d'un accent circonflexe se prononcent plus lentement que les autres.

Le bâ ton, l'au mô ne, le blâ me, le câ ble, le plâ tre, le crâ ne, la cô te, le drô le, le fan tô me, la flû te, le lâ che, l'â tre, la pâ tu re, le trô ne, la pâte, la tâ che, la pâ leur, l'i do lâ trie, l'â pre té, le cô té, le câ lin, la chà tai gne, la chà te lai ne, la dé bâ cle, le rô le, le faî te, la lâ che té, la mâ choi re, le mô le, le pô le, le nô tre, le vô tre, la tô le, le rô deur, la voû te, l'a pô tre.

VERBES.

Il se fâ che ra, il bâ ti ra, il fo lâ tre ra, il blâ me, il gâ te ra, il naî tra, il re naî tra, il croî tra, il dé croî tra, il pâ ti ra, il lâ che ra, il mâ che, il tâ che, il pa raî tra, il s'en rô le ra, il re bâ ti ra, il tâ te, il com pa raî tra, il re croî tra, il rô de ra, il pâ li ra.

Se trouve chez l'auteur, à Besançon, et à la librairie de Vᵉ Ch. Deis.

BESANÇON, IMPRIMERIE DE Vᵉ CH. DEIS.

MÉTHODE POUR APPRENDRE A LIRE,

PAR M. **SAILLARD**, MAÎTRE DE PENSION.

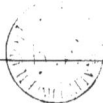

VOYELLES INSONORES.

La voyelle *e* ne se prononce pas après une autre voyelle, mais on prononce plus lentement les voyelles précédentes.

La ma la die, l'en vie, la bar ba rie, la ca lom nie, l'as tro no mie, l'i gno mi nie, l'im pri me rie, l'in dus trie, la mo des tie, la joie, la soie, la joue, la roue, la ma- ti née, la jour née, l'ar mée, la du rée, la nu ée, la rue, la vue, la grue, la plaie, la craie, la claie, la boue, la zi za nie.

VERBES.

Il prie ra, il plie ra, il em ploie, il en voie, il tu toie, il paie ra, il joue, il loue, il dé blaie ra, il dé lie ra, il crée ra, il a grée ra, il dé ploie ra, il sa lue ra, il re mue ra, il di mi nue ra, il noue ra, il dé plie ra, il en- vie ra, il é tu die ra, il ex pé die ra, il ba laie ra, il s'ex té nue ra, il oc troie ra, il pu ri fie ra, il sa cri fie ra, il pu blie ra, il men die ra, il crie ra.

Se trouve chez l'auteur, à Besançon, et à la librairie de vᵉ Ch. Deis.

BESANÇON, IMPRIMERIE DE Vᵉ CH. DEIS.

MÉTHODE POUR APPRENDRE A LIRE,

PAR M. **SAILLARD**, MAÎTRE DE PENSION.

VOYELLES INSONORES.

La voyelle *u* est insonore après la consonne *q*.

Elle est aussi ordinairement insonore quand elle se trouve entre la consonne *g* et une voyelle.

La li qu eur, la vi gu eur, la bar que, la lan gue, la ban que, la lon gueur, la lan gueur, la bou ti que, la fa ti gue, la li gue, la fi gue, la di gue, la fa bri que, le quai, le qua tri è me, la qua ran tai ne, la qua li té, le pro di gue, les re li ques, la quan ti té, la quo ti té, le qua tor zi è me, le quin zi è me, la bo ta ni que, la co que, l'i ni qui té, le mo nar que, la po li ti que, la ques ti on, le gui de, la gui ta re, la tu ni que, la ré pu bli que, la mar que, la pla que, la nu que, la co li que, le cas que, la guê pe.

VERBES.

Il se fa ti gue ra, il lan gui ra, il pro vo que ra, il fa bri que ra, il con vo que ra, il in vo qua, il man qua, il re mar que ra, il in vo que ra, il man que ra, il se fa ti gua, il qua li fie ra, il se mo que ra, il se gué ri ra, il s'em bar que ra.

Se trouve chez l'auteur, à Besançon, et à la librairie de Ve Ch. Deis.

BESANÇON, IMPRIMERIE DE Ve CH. DEIS.

MÉTHODE POUR APPRENDRE A LIRE,

PAR M. **SAILLARD**, MAÎTRE DE PENSION.

VOYELLES INSONORES.

La voyelle *e* ne se prononce pas quand elle est devant les voyelles *a*, *o*, et devant un son nasal. Elle est même insonore dans *j'eus, j'ai eu.*

L'eau, la peau, le bu reau, le mar teau, le cou teau, le dra peau, le flam beau, le châ teau, l'or meau, le pla-teau, le tré teau, le man teau, le su reau, le ban deau, le cha peau, le râ teau, le ra meau, le ra deau, le gâ teau, le cha meau, le tom beau, le trou peau, le cor deau, le so li veau, le four neau, le rou leau, le pru neau, le beau, le nou veau, le frein, le pein tre, la pein tu re, la tein-tu re, la beau té, la nou veau té, le cô teau, le cor beau, l'é cri teau, le cha lu meau, le lam beau, le ché neau, le co peau, le cré neau, le ta bleau, le li teau, le far deau, le moi neau, le seau, le per dreau, le che vreau.

VERBES.

Il pein dra, il tein dra, il fein dra, il dé pein dra, il dé tein dra, il a eu soif.

Se trouve chez l'auteur, à Besançon, et à la librairie de Vᵉ Ch. Deis.

BESANÇON, IMPRIMERIE DE Vᵉ CH. DEIS.

MÉTHODE POUR APPRENDRE A LIRE,

PAR M. **SAILLARD**, MAÎTRE DE PENSION.

VOYELLES INSONORES.

La voyelle *a* ne se prononce pas devant *in*.
La voyelle *o* ne se prononce pas devant *eu*.

Le pain, la main, le grain, la faim, le sa cris tain, le bain, le sou ve rain, le mon dain, le pro chain, le len de main, l'é cri vain, le dé dain, le vi lain, la crain te, la plain te, la com plain te, la con train te, crain tif, plain tif, le châ te lain, le daim, le bœuf, l'œuf, l'œu vre, la ma nœu vre, la sœur, les mœurs, le vœu, le cœur, le main tien, la sain te té, le gain, l'é tain, le le vain, le nain, sou dain, loin tain.

VERBES.

Il crain dra, il plain dra, il con train dra, il vain cra, il con vain cra, il ma nœu vre ra, il main tien dra, nous crain dri ons, vous crain dri ez, nous nous plain dri ons, vous vous plain dri ez, nous con vain cri ons, vous con-vain cri ez.

Se trouve chez l'auteur, à Besançon, et à la librairie de V. Ch. Deis.

BESANÇON, IMPRIMERIE DE V. CH. DEIS.

MÉTHODE POUR APPRENDRE A LIRE,

PAR M. SAILLARD, MAÎTRE DE PENSION.

CONSONNES VARIABLES.

La consonne c se prononce comme s, quand elle est placée devant les voyelles e, i, y, ou quand elle est accompagnée d'une cédille.

Le ciel, la cé lé bri té, la ci té, la ci go gne, le ci tron, la cen dre, le cen tre, la ci ga le, le cer veau, la ci ca-tri ce, la ci vi li té, la pru den ce, l'im por tan ce, la gla ce, la ma li ce, le sa cri fi ce, l'es pa ce, le né go ce, la fé ro ci té, l'a tro ci té, la pro vin ce, la cir con stan ce, la re pen tan ce, le gla çon, le ma çon, la fa çon, la ran çon, le tron çon, la fa ça de, la me na ce, la niè ce, la piè ce, la cer ti tu de, le cen ti me, la cé ré mo nie, le ci toy en, la dou ceur, la noir ceur, la ci ter ne.

VERBES.

Il for ça, il pla ça, il ba lan ça, il pro non ça, il a van-ça, il re non ça, il de van ça, il en fon ça, je pro non çai, je m'a van çai, je me na çai, je for çai, je dé pla çai, je de van çai, je ren for çai, je cer ti fie, j'ex ci tai, je ci te rai.

Se trouve chez l'auteur, à Besançon, et à la librairie de Vᵉ Ch. Deis.

BESANÇON, IMPRIMERIE DE Vᵉ CH. DEIS.

MÉTHODE POUR APPRENDRE A LIRE,

PAR M. **SAILLARD**, MAÎTRE DE PENSION.

CONSONNES VARIABLES.

La consonne *g* se prononce comme *j* devant les voyelles *e*, *i* et *y*.

Le gé nie, la ger be, le gé né ral, le cor da ge, l'ou-
vra ge, le mé na ge, le ma né ge, le pié ge, le cou ra ge,
l'ou tra ge, le ju ge, le ga ge, le gen re, le ge nou, la
gé o gra phie, la gran ge, l'au ber ge, l'a van ta ge, la
di li gen ce, l'a gi li té, la ber ge rie, la gi ber ne, la
char ge, la gi be ciè re, le car na ge, l'en tou ra ge, le
pâ tu ra ge, la ven dan ge, le ges te, le la bou ra ge, l'à ge,
le geai, le bour geon, le pi geon, l'es tur geon, le plon-
geon, la ven gean ce, la vi gi lan ce.

VERBES.

Il chan gea, il son gea, il ju gea, il ven gea, il ra va gea, il dé-
ran gea, il char gea, je chan geai, je son geai, je ju geai, je ran geai,
je dé ran geai, j'a gi rai, je gé mi rai, je di ri ge rai, j'en ga ge rai,
j'en cou ra ge rai.

Se trouve chez l'auteur, à Besançon, et à la librairie de Vᵉ Ch. Deis.

BESANÇON, IMPRIMERIE DE Vᵉ CH. DEIS.

MÉTHODE POUR APPRENDRE A LIRE,

PAR M. **SAILLARD**, MAÎTRE DE PENSION.

CONSONNES VARIABLES.

La consonne *s* se prononce *z*, quand elle est placée entre deux voyelles.

La ro se, la mai son, la cloi son, l'a si le, le be soin, la boi se rie, la ce ri se, le voi si na ge, la cho se, la com pa rai son, la cu ri o si té, le dé sir, le plai sir, la di vi si on, la pré vi si on, la pro vi si on, le poi son, la pri son, la frai se, la brai se, la ja lou sie, le loi sir, la mé di san ce, la mi sè re, la mu si que, le rai sin, la ro siè re, la sur prise, la toi se, le tré sor, l'u sa ge, la vi si te, le vi sa ge.

VERBES.

Il po sa, il se re po se ra, il s'a mu se ra, il bri se ra, il s'a pai se ra, il cau se ra, il se dé gui se ra, il dé si re ra, il dé so bé i ra, il se dé so le ra, il pui se ra, il fa vo ri se ra, il s'ex po se ra, il mé pri se ra, il pè se ra, il a ré so lu.

Se trouve chez l'auteur, à Besançon, et à la librairie de V⁰ Ch. Deis.

BESANÇON, IMPRIMERIE DE V⁰ CH. DEIS.

MÉTHODE POUR APPRENDRE A LIRE,

PAR M. SAILLARD, MAÎTRE DE PENSION.

CONSONNES VARIABLES.

La syllabe *ti* se prononce ordinairement comme *si*, quand elle est devant une voyelle.

L'é du ca ti on, la con tri ti on, la for ma ti on, la na-
ti on, la con di ti on, la por ti on, la fonc ti on, la fac ti on,
la frac ti on, l'ac ti on, la pro por ti on, la lo cu ti on, la
con ven ti on, l'in ven ti on, l'in ten ti on, l'ex tinc ti on,
la dis tinc ti on, la per fec ti on, la di rec ti on, l'in sa ti a-
bi li té, des cla meurs sé di ti eu ses, la di mi nu ti on,
l'in ser ti on, l'é di ti on, la dé ten ti on, la pré ven ti on,
la con vic ti on, la pu ni ti on, la des crip ti on, la con-
scrip ti on, la ré vo lu ti on, la dé mo cra tie, la mi nu tie,
l'a ris to cra tie, la di plo ma tie, l'im pé ri tie, la parti a li té, l'im par ti a li té, la na ti o na li té, la gar de
na ti o na le, con fi den ti el, in sa ti a ble, par ti el, pé ni-
ten ti el, sub stan ti el, pro vi den ti el, la su pré ma tie, la
pé ri pé tie, la con sti tu ti on, la con tri bu ti on, la pro-
vo ca ti on, la de struc ti on.

Se trouve chez l'auteur, à Besançon, et à la librairie de Vᵉ Ch. Deis.

BESANÇON, IMPRIMERIE DE Vᵉ CH. DEIS.

MÉTHODE POUR APPRENDRE A LIRE,

PAR M. **SAILLARD**, MAÎTRE DE PENSION.

CONSONNES VARIABLES.

Cependant la syllabe *ti* conserve sa prononciation ordinaire :

1° Devant un *e* surmonté d'un accent ou accompagné de la lettre '*r*, la *moitié*, le *portier* (excepté le mot *satiété*) ;

2° Après la lettre *s*, la *modestie*, le *bastion ;*

3° Devant les lettres *en* ayant la valeur de *in*, comme dans le *soutien* (excepté les noms propres : *Domitien*, *Egyptien*, etc.);

4° Dans la plupart des verbes ;

5° Dans quelques autres mots , la *partie*, la *sortie*, et un petit nombre d'autres.

Le quan ti è me, le tren ti è me, le qua ran ti è me, l'a mi tié, la moi tié, la pi tié, l'i ni mi tié, le por tier (prononcez *portié*), le sen tier, le mor tier, le mi roi tier, le fer blan tier, l'é glan tier, le frui tier, le quar tier, le mé tier, le chan tier, le sou tien, le main tien, la modes tie, la sa cris tie, la ques tion, le bas tion, la ges tion, la di ges tion, la ga ran tie, la par tie, la rô tie, la sor tie, l'or tie.

VERBES.

Nous par tions, nous sor tions, nous sen tions, nous con sen tions, nous por tions, nous chan tions, nous racon tions, vous por tiez, vous sor tiez, vous con sen tiez, vous ra con tiez, il tien dra, il re tien dra, il con tien dra, il main tien dra.

Se trouve chez l'auteur , à Besançon , et à la librairie de V° Ch. DEIS.

BESANÇON, IMPRIMERIE DE V° CH. DEIS.

MÉTHODE POUR APPRENDRE A LIRE,

PAR M. **SAILLARD**, MAÎTRE DE PENSION.

SON DE *l* MOUILLÉE.

Le son de *l* mouillée équivaut à celui de deux *i*; ainsi, les mots *pillage*, *meilleur*, se prononcent comme *piiage*, *meiieur*.
Il a lieu quand la voyelle *i* est suivie de deux *l*, comme dans la *famille*, la *corbeille*.
Les voyelles *a* et *i* se prononcent séparément dans le son de l'*l* mouillée.

La bil le, la fil le, la fa mil le, la va nil le, la che nil le, la che vil le, la gril le, la bas til le, la char mil le, la treil le, la bou teil le, la cor beil le, la seil le, la gro seil le, la que nouil le, la gre nouil le, la feuil le, le fil leul, le til leul, le bouil lon, le brouil lon, le pa pil lon, le sil lon, la pail le, la mail le, la tail le, la cail le, la mu rail le, la ba tail le, la mé dail le, l'é cail le, le mé dail lon, le ba tail lon.

VERBES.

Il bril le ra, il con seil le ra, il se ré veil le ra, il fouil le ra, il pil le ra, il mouil le ra, il a tra vail lé, il a tail lé, il a ba tail lé, il a vieil li, il a fail li, il a bouil li, il a souil lé, il a bâil lé, il a sour cil lé.

Se trouve chez l'auteur, à Besançon, et à la librairie de Vve Ch. Deis.

BESANÇON, IMPRIMERIE DE Vve CH. DEIS.

MÉTHODE POUR APPRENDRE A LIRE,

PAR M. **SAILLARD**, MAÎTRE DE PENSION.

SON DE *l* MOUILLÉE.

Le son de *l* mouillée a lieu encore, quoique la voyelle *i* ne soit pas suivie de deux *l*, pourvu que les lettres *il*, à la fin d'un mot, soient précédées d'une voyelle, comme dans le *soleil*, le *seuil*. Si les lettres *il* ne sont pas précédées d'une voyelle, le son de *l* mouillée n'a plus lieu, le *fil*, l'*exil*.

Le so leil, le con seil, le ré veil, l'or teil, un li vre pa reil, un vieil a mi, le seuil, le deuil, le che vreuil, le cer feuil, le bou vreuil, le re cueil, le cer cueil, l'orgueil, le fau teuil, l'é cu reuil, l'ail, le bail, le tra vail, le sou pi rail, le co rail, le dé tail, le por tail, le ca mail, le gou ver nail, l'é ven tail, l'é pou van tail, le poi trail, le bé tail, le fil, le pro fil, le pé ril, l'e xil, le Nil, le cil, le mor fil, le co de ci vil, le soin pué ril, le vil im pos teur, l'an mil huit cent cin quan te, le ber cail, l'é mail, le ver meil, le fe nouil, le tra mail.

Se trouve chez l'auteur, à Besançon, et à la librairie de Vᵉ Ch. Deis.

BESANÇON, IMPRIMERIE DE Vᵉ CH. DEIS.

MÉTHODE POUR APPRENDRE A LIRE,

PAR M. **SAILLARD**, MAÎTRE DE PENSION.

CONSONNES INSONORES.

La lettre H est généralement insonore.
Les lettres *ch* se prononcent même comme s'il n'y avoit point d'*h*, quand elles sont suivies d'une consonne, comme dans la *chronologie*, etc.

Le ha meau, la ha che, la haie, la hai ne, le hail lon, la han che, le han gar, la hau teur, l'ha bi tu de, l'ha lei ne, l'ha me çon, l'har mo nie, l'hu mi di té, l'hu ma n ité, l'in hu ma ni té, l'hor lo ge, l'hos tie, l'hos pi ce, le mal heur, le bon heur, la com pré hen sion, le thé, le thè me, l'a rith mé ti que, la bi blio thè que, l'hy po thè que, la mé tho de, la lé thar gie, la li tho gra phie, la thé o- lo gie, la ca tho li ci té, le thé o lo gien, la rhé to ri que, le rhu me, le rhu ma tis me, la chro ni que, la chro no- lo gie, l'a na chro nis me, les mots tech ni ques, le chré tien, le chris tia nis me, le Christ.

Se trouve chez l'auteur, à Besançon, et à la librairie de vᵉ Ch. Deis.

BESANÇON, IMPRIMERIE DE Vᵉ CH. DEIS.

MÉTHODE POUR APPRENDRE A LIRE,

PAR M. **SAILLARD**, MAÎTRE DE PENSION

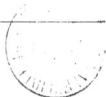

CONSONNES INSONORES.

Les consonnes autres que *l, f, c, r,* ne se prononcent généralement pas à la fin des mots.

Le plomb, le pla fond, le nid, le san glot, le rang, le sang, le dé but, le dé bit, le com bat, le dé bat, le re fus, le com pas, le drap, le bras, l'é clat, le tré pas, le pro fit, le trans port, le re pos, le né ant, le mé pris, le trot, le ga lop, le toit, la part, la nuit, le ta mis, le temps, l'ha bit, le doigt, le puits, le bord, le nord, le char, le fer, le rem part, le pro cès, le bou quet, le mets, le li las, le ca nif, les feux, le jour nal, le na tu rel, le plai sir, le mi roir, les jeux, l'es poir, le dor toir, le vol, l'air, l'é clair, le parc, les mo ments, les mo nu ments, les lo ge ments, les bâ ti ments, le nœud.

VERBES.

Nous vou lons, nous mar chons, vous mar chez, ils vou dront, ils mar che ront, ils di ront, je di rais, je par le rais, je sor tais.

Se trouve chez l'auteur, à Besançon, et à la librairie de Vᵉ Ch. DEIS.

BESANÇON, IMPRIMERIE DE Vᵉ CH. DEIS.

MÉTHODE POUR APPRENDRE A LIRE,

PAR M. **SAILLARD**, MAÎTRE DE PENSION.

CONSONNES INSONORES.

Dans les verbes , la lettre *n*, placée entre les lettres *e* et *t*, ne se prononce pas à la fin du mot, excepté dans *il vient*, *il tient*, et dans les verbes qui en sont formés.

Ils par lent, ils par le raient, ils mar chent, ils cou rent, ils dor ment, ils par taient, ils con sen taient, ils crai gnent, ils son gent, ils son geaient, ils pla çaient, ils re çoi vent, ils pro non çaient, ils for çaient, ils se pro mè nent, ils ren voient, ils ren voy aient, ils croient, ils croy aient, ils pay aient, ils paient, ils cueil lent, ils tra vail lent, ils di-saient, ils prient, ils plient, il tient, il con tient, il re tient, il sou tient, il main tient, il vient, il re vient, il con vient, il par vient, il se sou vient. Les sol dats ne crai gnent pas la mort. Les ri ches doi vent se cou rir les pau vres. Ceux qui tra vail lent s'en ri chis sent, ceux qui rem plis sent leurs de voirs s'at ti rent l'es ti me des per son nes qui les con nais sent.

Se trouve chez l'auteur, à Besançon, et à la librairie de Vve Ch. Deis.

BESANÇON, IMPRIMERIE DE Vve CH. DEIS.

MÉTHODE POUR APPRENDRE A LIRE,

PAR M. **SAILLARD**, MAÎTRE DE PENSION.

CONSONNES INSONORES.

Lorsqu'il y a deux consonnes semblables de suite, on ne prononce que la dernière. Cependant on prononce les deux *g* et les deux *c* quand ils sont suivis des voyelles *e* ou *i*. On prononce aussi les deux *m* ou les deux *n* après la lettre *e*, au commencement d'un mot (1).

L'af fai re, l'af fi che, l'ap pli ca tion, l'ap pa reil, le som meil, le rap port, l'ar ro soir, l'ar ri vée, l'at ti rail, l'ar ro gan ce, l'an neau, l'an non cia tion, l'oc ca sion, l'of fi cier, l'im mor ta li té, l'im mo bi li té, le com mer ce, la com mo de, la com mu nion, la com mu ni ca tion, la cor rec tion, la bal le, la sal le, la per son ne, le ki lo gram me, la ki ri elle, le pri son nier, le mois son neur, la ma çon ne rie, le ton ne lier, le pom mier, le son neur, le ton ner re.

VERBES.

Il nom me ra, il em poi son na, il som meil la, il sug gè re, il sug gé ra, il suc cè de, il suc cé da, il suc cé de ra, il ac cep te ra, il em mè ne, il em mé na ge, il em ma ga si ne, il s'en nuie.

(1) Excepté dans le mot *ennemi*.

Se trouve chez l'auteur, à Besançon, et à la librairie de Vve Ch. Deis.

MÉTHODE POUR APPRENDRE A LIRE,

PAR M. **SAILLARD**, MAÎTRE DE PENSION.

CONSONNES INSONORES.

On a vu que les lettres *l*, *r*, *c* et *f* se prononcent ordinairement à la fin des mots ; il y a plusieurs exceptions : la lettre *r* est insonore dans les mots terminés en *ger*, *cher*, *ier*, *yer*, *ller*, et dans ce cas la voyelle *e* se prononce *é*.

Les lettres *l*, *c*, *f* sont insonores dans plusieurs mots dont les plus usités sont dans l'exercice.

Le poi rier, le pru nier, le pa nier, le ro sier, le lau rier, le gra vier, le gre na dier, l'a cier, l'o sier, l'a man dier, l'a bri co tier, le ber ger, le dan ger, le ver ger, le bou lan ger, l'é tran ger, le clo cher, le no yer, le plan cher, le co cher, le no cher, le ro cher, le ru cher, le fo yer, l'o reil ler, le con seil ler, le gre nier, le gro seil ler, le pa pier, le fer mier, l'é co lier, le de nier, le cui si nier, le sou lier, l'es ca lier, le noi se tier, le ban quier, le lan cier, le san gli er, le bou ti qui er. Le ba ril, le cou til, le fu sil, l'ou til, le per sil, le sour cil, le gril, le fils, le gen til, le che nil, le ba bil. Le franc, le blanc, le jonc, le tronc, le banc, le flanc, le broc, le ta bac, l'es to mac, les lacs (les la cets), le clerc, le cric, l'es croc, l'ac croc, la clef, le chef-d'œu vre.

Se trouve chez l'auteur, à Besançon, et à la librairie de V° Ch. Deis.

BESANÇON, IMPRIMERIE DE V° CH. DEIS.

MÉTHODE POUR APPRENDRE A LIRE,

PAR M. SAILLARD, MAÎTRE DE PENSION.

DIVISION DES MOTS EN SYLLABES.

Quand une seule consonne se trouve entre deux voyelles, dans le corps du mot, elle se lie avec la voyelle qui suit.

L'ami, l'avare, la baleine, le bijou, la chaleur, la cave, la cabane, le camarade, le chemin, le cheveu, le cheval, la chevelure, la coutume, la dame, la date, la demeure, la douleur, le tamis, le panier, la manière, la famine, la semaine, le capitaine, le laboureur, le gazon, le jeudi, le midi, la maxime, le samedi, la colonie, le crime, la lime, la crinière, la lumière, la tanière, l'ivoire, le militaire, la parole, la promenade, la solitude, le cimetière, la valeur, la pâleur, le souvenir, le solitaire, la voiture, le souverain, le salaire, le manuel, la nationalité, le moniteur, le monopole, la monotonie.

VERBES.

Il ramène, il sème, il diminuera, il bonifiera, il finira, il limitera, il s'humiliera.

Se trouve chez l'auteur, à Besançon, et à la librairie de Vᵉ Ch. Deis.

BESANÇON, IMPRIMERIE DE Vᵉ CH. DEIS.

MÉTHODE POUR APPRENDRE A LIRE,

PAR M. **SAILLARD**, MAÎTRE DE PENSION.

DIVISION DES MOTS EN SYLLABES.

Quand il y a deux consonnes de suite entre des voyelles, la première des deux consonnes appartient à la voyelle précédente, et la seconde à la voyelle suivante. Cependant si la seconde des deux consonnes est une des lettres *l* ou *r*, elles se lient l'une et l'autre à la voyelle qui suit.

L'ardeur, l'artiste, l'arbuste, l'agriculture, l'aventure, l'aveugle, la bourse, le chanteur, le domestique, le charbon, la colombe, la concorde, le conducteur, le cordage, le cultivateur, le danseur, le demandeur, la dispute, le chagrin, la fortune, la fontaine, la grandeur, la blancheur, l'imposture, la lenteur, le libraire, le sable, le tablier, le livre, le canton, la marche, le meuble, le monde, la montagne, le pardon, l'oubli, la multitude, le parti, le patron, le patriarche, la pauvreté, la plante, la poitrine, la porte, la table, le tableau, le titre, le tombeau, le trouble, le tumulte, la victime, la victoire, le vulgaire, le volcan, le trompeur, le quartier, la vertu, l'églantier, la modestie, la fermeté, la sincérité.

Se trouve chez l'auteur, à Besançon, et à la librairie de Vve Ch. Deis.

BESANÇON, IMPRIMERIE DE Vve CH. DEIS.

MÉTHODE POUR APPRENDRE A LIRE,

PAR M. **SAILLARD**, MAÎTRE DE PENSION.

DIVISION DES MOTS EN SYLLABES.

Quand il y a trois consonnes de suite entre des voyelles, la première des consonnes se lie à la voyelle qui précède, et les deux autres à la voyelle qui suit; s'il y a quatre consonnes de suite, les deux premières appartiennent à la voyelle précédente, et les deux autres à la voyelle suivante.

Le ministre, l'astronomie, le cercle, le couvercle, l'encre, l'ampleur, le chanvre, la chambre, la conclusion, le compliment, le temple, la constance, la construction, la destruction, l'instruction, la soustraction, la contraction, la contribution, la discrétion, la disgrâce, l'empreinte, la surprise, l'enclos, l'endroit, l'entreprise, l'explication, l'emprunt, l'extrémité, la simplicité, l'obstacle.

VERBES.

Je remplirai, je comprendrai, je reprendrai, je m'instruirais, je construirais, je craindrais, je plaindrais, je convaincrais, nous surprendrons, nous construirons, nous répondrons, vous parviendrez, vous conviendrez, vous vous souviendrez, ils prétendraient, ils comprendraient, ils complimenteraient, ils défendraient, ils souscriraient, ils surprendront, ils répondront, ils contrediront, ils joindront, ils rejoindront, ils combattront.

Se trouve chez l'auteur, à Besançon, et à la librairie de v⁰ Ch. Deis.

BESANÇON, IMPRIMERIE DE V⁰ CH. DEIS.

MÉTHODE POUR APPRENDRE A LIRE,

PAR M. **SAILLARD**, MAÎTRE DE PENSION.

DIVISION DES MOTS EN SYLLABES.

Lorsque deux voyelles sont de suite, la première appartient à la syllabe précédente, et la seconde à la syllabe suivante. Cependant une même syllabe renferme souvent plusieurs voyelles, *le pied, la pitié.* La voyelle *e* muet se joint toujours à la voyelle précédente, *la rue, la joie.*
Les voyelles doubles se séparent aussi dans la prononciation, quand elles sont accompagnées d'un tréma.

Le créateur, la louange, la prière, la visière, la manière, le manuel, l'enfant vertueux, le péage, le louage, la nuance, l'alliance, la confiance, la réalité, la cruauté, la lueur, la sueur, la variation, la liaison, la fonction, la fabrication, la liasse, le rouage.

Il criait, il secouait, ils louaient, ils priaient, ils liaient, ils remuaient, ils saluaient, ils jouaient, ils suaient, il éblouirait.

L'aïeul, le glaïeul, la faïence, l'égoïsme, l'héroïsme, la naïveté, je haïrai, je haïssais, le stoïcisme, la joie naïve, le roi Saül, le biscaïen, le caïman, le bisaïeul.

Se trouve chez l'auteur, à Besançon, et à la librairie de V^e Ch. Deis.

BESANÇON, IMPRIMERIE DE V^e CH. DEIS.

MÉTHODE POUR APPRENDRE A LIRE,

PAR M. **SAILLARD**, MAÎTRE DE PENSION.

DE LA LIAISON DES MOTS ENTRE EUX.

Quand un mot se termine par une consonne, et que le mot suivant commence par une voyelle, cette consonne se lie ordinairement avec le mot suivant, comme si les deux mots n'en faisaient qu'un seul.

La liaison a lieu aussi avec les mots qui commencent par la lettre *h*, quand elle est muette ; elle n'a plus lieu si l'*h* est aspirée. Les consonnes *x*, *s*, se prononcent comme *z*, et la consonne *d* comme la consonne *t*.

Les âmes, des années, les armées, les arts, mes oncles, vos erreurs, nos études, ses intentions, un ami, un bon avis, un malheureux enfant, des feux éteints, tôt ou tard, un grand arbre.

VERBES.

Nous avons aimé, vous avez aimé, ils ont aimé; nous aurions imité, vous auriez imité, ils auraient imité ; j'aurais obtenu, tu aurais obtenu; je suis estimé, nous étions estimés.

Mots commençant par une h muette.

Les habitudes, les herbes, les hivers, les hommes, les honneurs, les horloges, les heures, les horreurs, les humeurs, les humains, nous habitons, nous nous habituons.

Mots commençant par une h aspirée.

Les hameaux, les harengs, les haricots, les haches, les hasards, les héros, les hiboux, les hannetons, les harnais, très-haut, très-hideux, plus honteux, nous haïssions, nous nous heurtions.

Se trouve chez l'auteur, à Besançon, et à la librairie de vᵉ Ch. Deis.

BESANÇON, IMPRIMERIE DE Vᵉ CH. DEIS.

www.ingramcontent.com/pod-product-compliance
Lightning Source LLC
LaVergne TN
LVHW022021080426
835513LV00009B/821